Impressum
Verlag: BABADADA GmbH, Nedderfeld 112 , 22529 Hamburg
Geschäftsführer / Verlagsleitung: Harald Hof
Druck: Books on Demand GmbH, In de Tarpen 42, 22848 Norderstedt

Imprint
Publisher: BABADADA GmbH, Nedderfeld 112 , 22529 Hamburg, Germany
Managing Director / Publishing direction: Harald Hof
Print: Books on Demand GmbH, In de Tarpen 42, 22848 Norderstedt

koulu
School

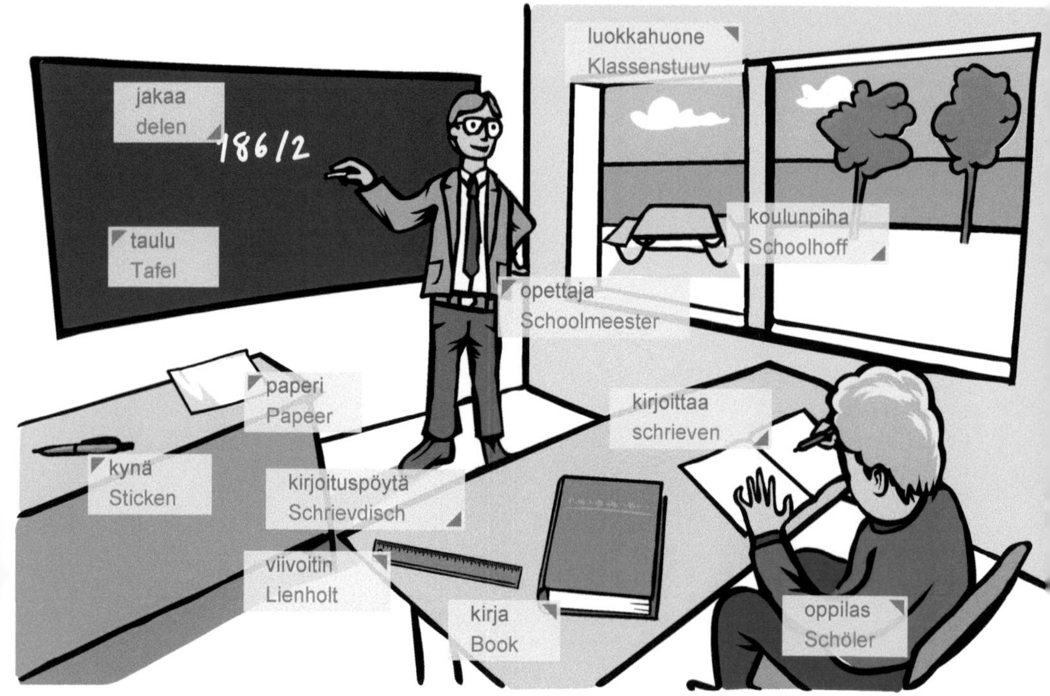
luokkahuone
Klassenstuuv
jakaa
delen
186/2
taulu
Tafel
koulunpiha
Schoolhoff
opettaja
Schoolmeester
paperi
Papeer
kirjoittaa
schrieven
kynä
Sticken
kirjoituspöytä
Schrievdisch
viivoitin
Lienholt
kirja
Book
oppilas
Schöler

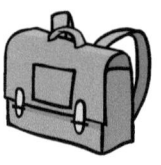

reppu

Ranzel

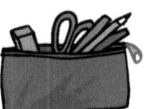

penaali

Feddermapp

lyijykynä

Bleesticken

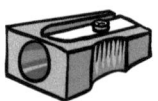

kynänteroitin

Scharpmaker

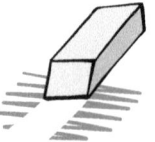

pyyhekumi

Radeergummi

piirustuslehtiö

Tekenblock

piirustus
Teken

pensseli
Pinsel

vesivärit
Malkassen

sakset
Scheer

liima
Klever

harjoituskirja
Heft to'n Öven

kotitehtävä
Huusopgaav

12

luku
Tall

2+2

lisätä
tohooptellen

5-2

vähentää
aftrecken

2×2

kertoa
malnehmen

laskea
reken

kirjain
Bookstaav

ABCDEFG
HIJKLMN
OPQRSTU
VWXYZ

aakkoset
ABC

hello

sana
Woort

teksti

Text

lukea

lesen

liitu

Kried

oppitunti

Stunn

opettajan muistikirja

Klassenbook

koe

Pröven

todistus

Tüügnis

koulupuku

Schooluniform

koulutus

Utbillen

sanakirja

Nakieksel

yliopisto

Universität

mikroskooppi

Mikroskop

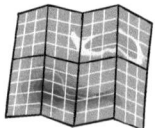

kartta

Koort

roskakori

Papeerkorf

matka
Törn

hotelli
Hotel
Grand
retkeilymaja
Harbarg
ROOMS
rahanvaihto
Wesselstuuv
EXCHANGE
matkalaukku
Kuffer
auto
Auto

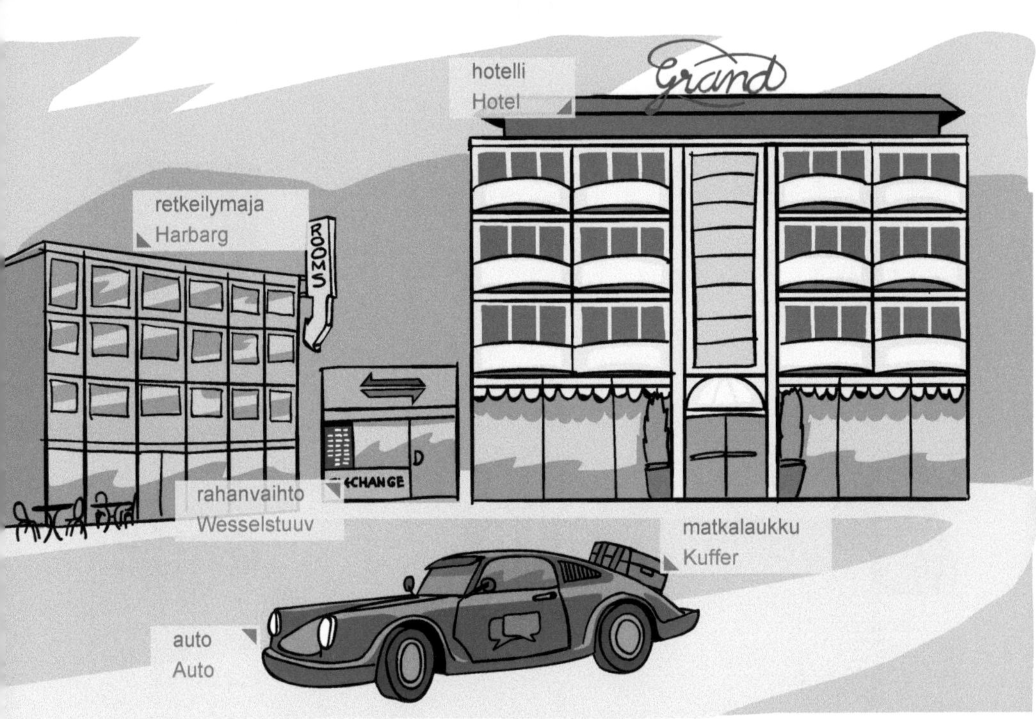

kieli

Spraak

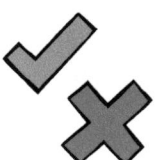

kyllä / ei

jo / ne

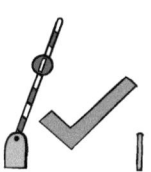

selvä

Jo

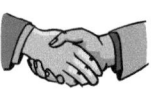

hei

Moin

tulkki

Översetter

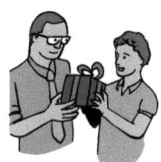

kiitos

Dank ok

Paljonko...maksaa?

Wat kost...?

en ymmärrä

Ik verstah nich

ongelma

Problem

Hyvää iltaa!

Goden Avend

Hyvää huomenta!

Moin!

Hyvää yötä!

Gode Nacht!

näkemiin

Tschüüs

suunta

Richt

matkatavarat

Bagaasch

laukku

Tasch

reppu

Rüchsack

vieras

Gast

huone

Stuuv

makuupussi

Slaapsack

teltta

Telt

turisti-info

Touristeninformatschoon

ranta

Strand

luottokortti

Kreditkoort

aamupala

Fröhstück

lounas

Meddageten

päivällinen

Avendeten

matkalippu

Fohrkort

hissi

Fohrstohl

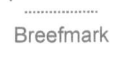

postimerkki

Breefmark

raja

Grenz

tulli

Toll

suurlähetystö

Bottschop

viisumi

Visum

passi

Pass

kuljetus
Transport

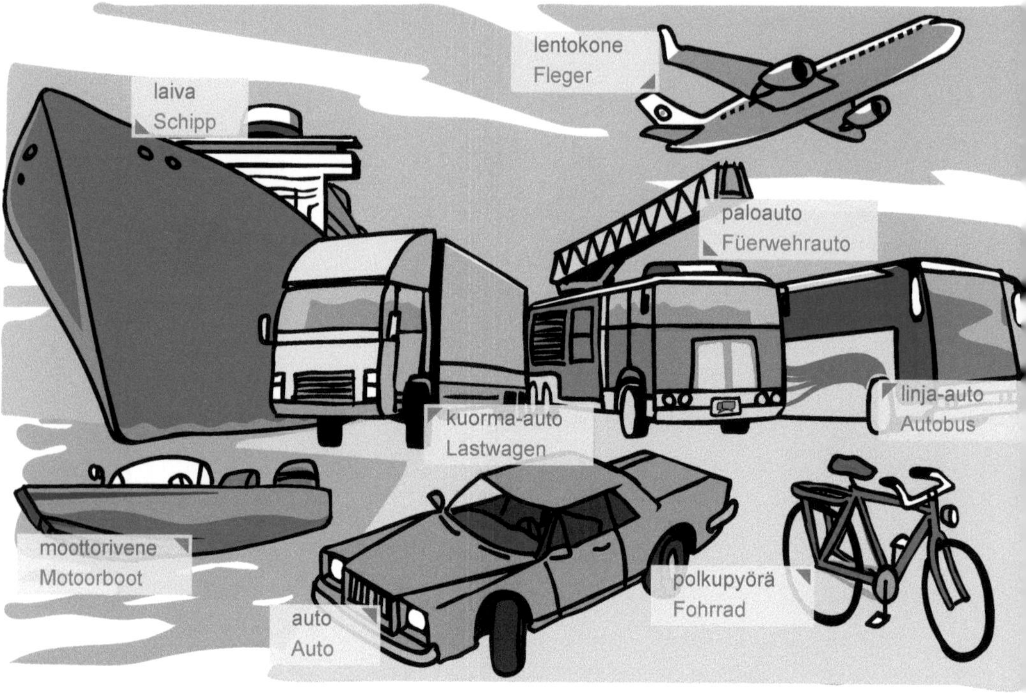

lentokone
Fleger
laiva
Schipp
paloauto
Füerwehrauto
kuorma-auto
Lastwagen
linja-auto
Autobus
moottorivene
Motoorboot
polkupyörä
Fohrrad
auto
Auto

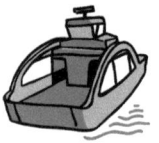

lautta

Fähr

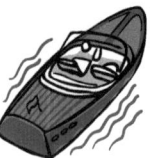

vene

Boot

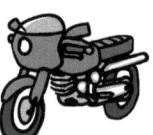

moottoripyörä

Motoorrad

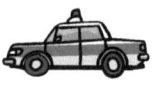

poliisiauto

Polizeiauto

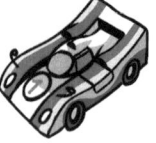

kilpa-auto

Rönnauto

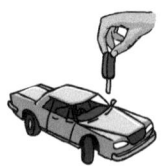

vuokra-auto

Lehnwagen

car sharing

Carsharing

hinausauto

Afsleepwagen

roska-auto

Müllauto

moottori

Motoor

polttoaine

Kraftstoff

huoltoasema

Tanksteed

liikennemerkki

Verkehrsschild

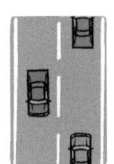

liikenne

Verkehr

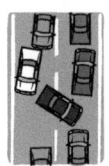

ruuhka

Stau

parkkipaikka

Afstellplatz

rautatieasema

Bahnhoff

raiteet

Sporen

juna

Tog

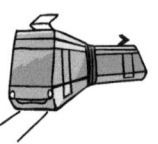

raitiovaunu

Stratenbahn

vaunu

Wagon

helikopteri

Dwarsmöhl

lentokenttä

Flooghaven

lähilennonjohto

Tower

matkustaja

Fohrgast

kontti

Grootkist

pahvilaatikko

Karton

kärryt

Koor

kori

Korf

nousta / laskea

starten / lannen

kaupunki

Stadt

kylä

Dörp

keskusta

Binnenstadt

talo

Huus

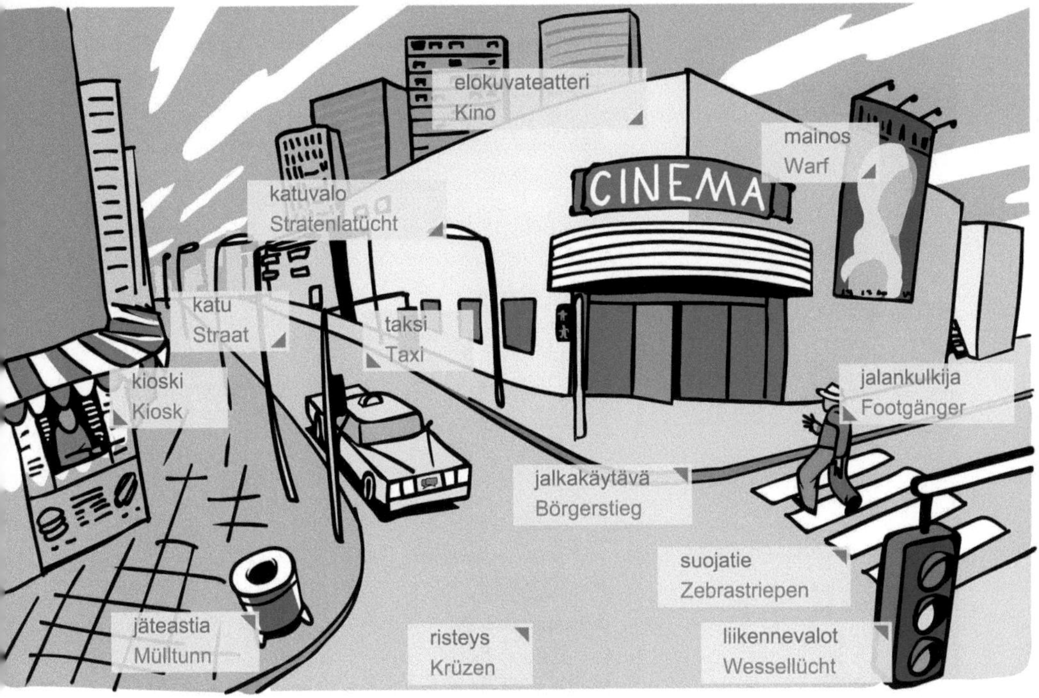

elokuvateatteri
Kino

mainos
Warf

katuvalo
Stratenlatücht

CINEMA

katu
Straat

taksi
Taxi

kioski
Kiosk

jalankulkija
Footgänger

jalkakäytävä
Börgerstieg

suojatie
Zebrastriepen

jäteastia
Mülltunn

risteys
Krüzen

liikennevalot
Wessellücht

mökki

Hütt

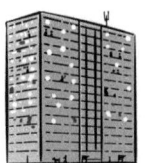

kerrostalo

Wahnung

rautatieasema

Bahnhoff

kaupungintalo

Raathuus

museo

Museum

koulu

School

yliopisto

Universität

pankki

Bank

sairaala

Krankenhuus

hotelli

Hotel

apteekki

Afteek

toimisto

Büro

kirjakauppa

Bookhökerie

liike

Hökerie

kukkakauppa

Blomenhökerie

supermarketti

Supermarkt

tori

Markt

tavaratalo

Koophuus

kalakauppias

Fischhökerie

ostoskeskus

Inkoopszentrum

satama

Haven

puisto

Parkanlaag

penkki

Bank

silta

Brüch

portaat

Trepp

metro

Ünnergrundbahn

tunneli

Tunnel

linja-autopysäkki

Busstoppsteed

baari

Bar

ravintola

Spieslokal

postilaatikko

Breefkassen

katukyltti

Stratenschild

parkkimittari

Parkklock

eläintarha

Deertenpark

uimala

Baadanstalt

moskeija

Moschee

maatila	ympäristön saastuminen	hautausmaa
Buernhoff	Ümweltversmudden	Karkhoff

kirkko	leikkikenttä	temppeli
Kark	Speelplatz	Tempel

maisema
Landschop

![landscape illustration]

lehti
Blatt

tienviitta
Wiespahl

tie
Weg

niitty
Wisch

kivi
Steen

retkeilijä
Wannerer

puu
Boom

joki
Fluss

ruoho
Gras

kukka
Bloom

laakso
Daal

vuori
Barg

järvi
See

metsä
Holt

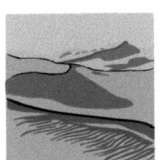

aavikko
Wööst

tulivuori
Füerspien Barg

linna
Slott

sateenkaari
Regenbagen

sieni
Poggenstohl

palmu
Palm

hyttynen
Steekmück

kärpänen
Fleeg

muurahainen
Miegeemk

mehiläinen
Imm

hämähäkki
Spinn

kovakuoriainen

Sebber

sammakko

Pogg

orava

Katteker

siili

Swienegel

jänis

Haas

pöllö

Uul

lintu

Vagel

joutsen

Swaan

villisika

Wildswien

peura

Hirsch

hirvi

Elk

pato

Staudamm

tuulimylly

Windrad

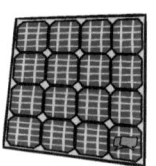

aurinkopaneeli

Solarmodul

ilmasto

Klima

ravintola
Spieslokal

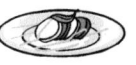

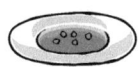

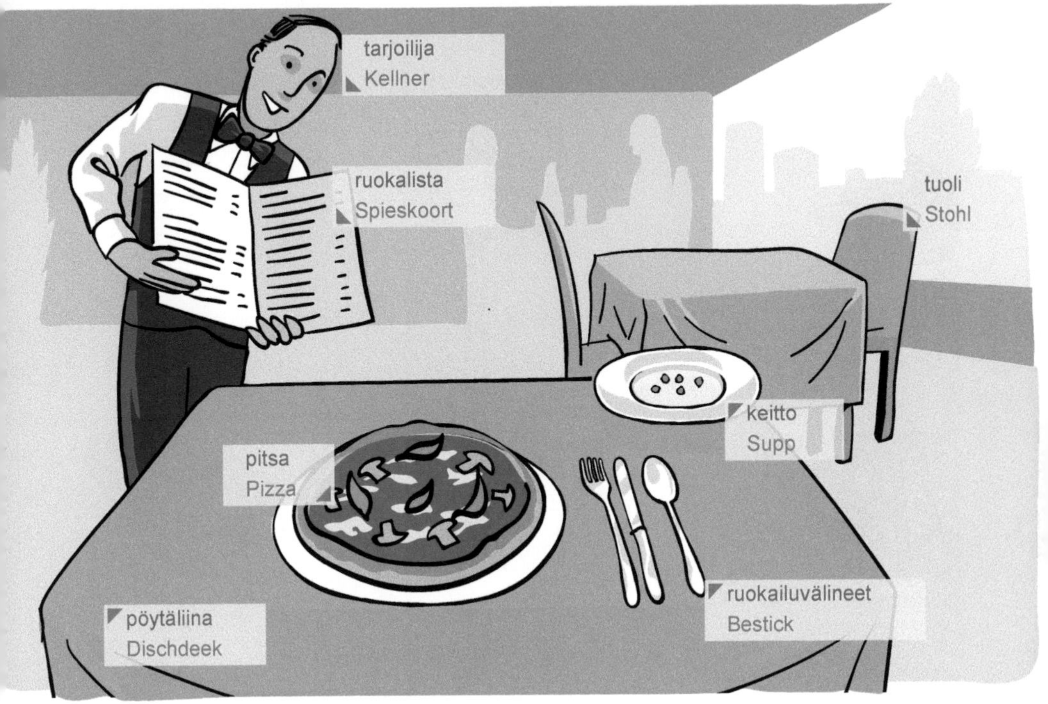
tarjoilija
Kellner
ruokalista
Spieskoort
tuoli
Stohl
keitto
Supp
pitsa
Pizza
ruokailuvälineet
Bestick
pöytäliina
Dischdeek

alkuruoka

Vörspies

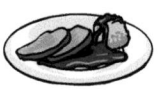

pääruoka

Haupteten

jälkiruoka

Nadisch

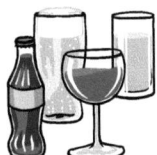

juomat

Drünk

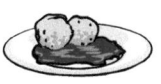

ruoka

Eten

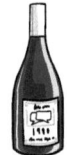

pullo

Buddel

pikaruoka

Fastfood

katuruoka

Strateneten

teekannu

Teekann

sokeriastia

Zuckerdoos

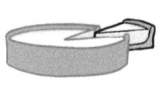

annos

Portschoon

espressokeitin

Espressomaschien

syöttötuoli

Hoochstohl

lasku

Reken

tarjotin

Tablett

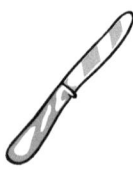

veitsi

Mess

haarukka

Gavel

lusikka

Lepel

teelusikka

Teelepel

servietti

Munddook

lasi

Glas

lautanen

Töller

syvä lautanen

Suppentöller

aluslautanen

Ünnertass

kastike

Sooß

suolasirotin

Soltstreuer

pippurimylly

Pepermöhl

etikka

Etig

öljy

Ööl

mausteet

Krüder

ketsuppi

Ketchup

sinappi

Mostrich

majoneesi

Mayonnaise

supermarketti
Supermarkt

tarjous
Anbott
FOR
asiakas
Kunn
maitotuotteet
Melkprodukten
hedelmät
Aaft
ostoskärryt
Inkoopswagen

BUTCHERS

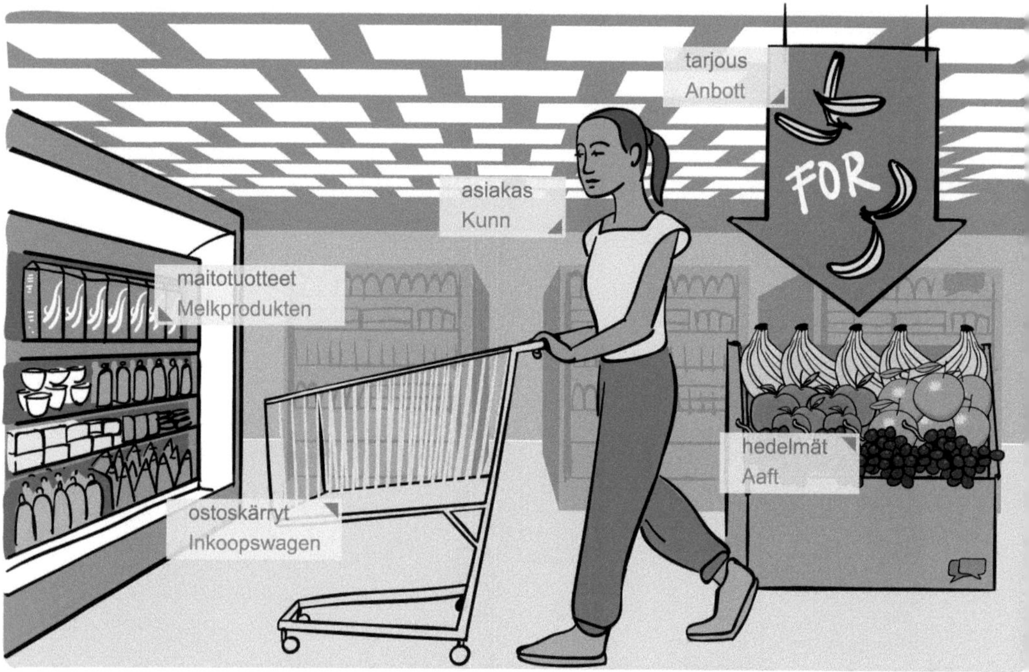

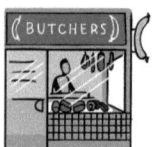

teurastamo

Slachterie

BAKERY

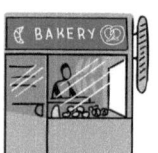

leipomo

Bäckerie

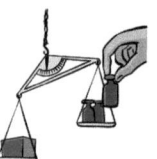

punnita

wegen

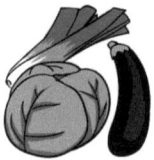

kasvikset

Gröönsaken

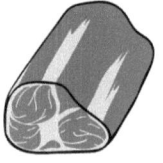

liha

Fleesch

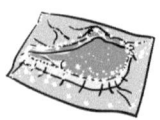

pakasteet

Deepköhlkost

leikkele
Opsnitt

säilykkeet
Konserven

pesujauhe
Waschmiddel

makeiset
Snoopkraam

kotitaloustarvikkeet
Huushooltssaken

puhdistusaineet
Reinmaaktüüch

myyjä
Verköpersche

kassa
Kass

kassanhoitaja
Kasserer

ostoslista
Inkoopslist

aukioloajat
Opsparrtieden

lompakko
Breeftasch

luottokortti
Kreditkoort

kassi
Tasch

muovipussi
Plastiktüüt

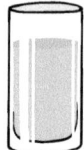

vesi

Water

mehu

Saft

maito

Melk

kokis

Cola

viini

Wien

olut

Beer

alkoholi

Spriet

kaakao

Kakao

tee

Tee

kahvi

Koffie

espresso

Espresso

cappuccino

Cappucino

banaani

Banaan

omena

Appel

appelsiini

Appelsien

meloni

Meloon

sitruuna

Zitroon

porkkana

Wöttel

valkosipuli

Knuuvlook

bambu

Bambus

sipuli

Zibbel

sieni

Poggenstohl

pähkinät

Nööt

spagetti

Nudeln

spagetti

Spaghetti

riisi

Ries

salaatti

Salat

ranskalaiset

Pommes frites

paistetut perunat

Braadkantüffeln

pitsa

Pizza

hampurilainen

Hamborger

voileipä

Sandwich

leike

Snitzel

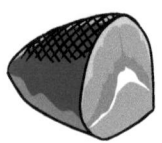

kinkku

Schinken

salami

Salami

makkara

Wust

kana

Hohn

paisti

Braden

kala

Fisch

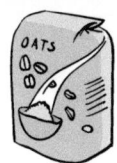

kaurahiutaleet

Haverflocken

mysli

Müsli

murot

Cornflakes

jauho

Mehl

voisarvi

Croissant

sämpylä

Rundstück

leipä

Broot

paahtoleipä

Toast

keksit

Keksen

voi

Botter

rahka

Quark

kakku

Koken

kananmuna

Ei

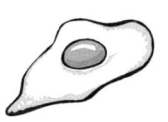

paistettu kananmuna

Spegelei

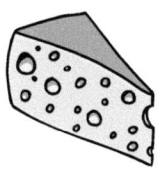

juusto

Kees

jäätelö

Ies

sokeri

Zucker

hunaja

Honnig

hillo

Marmelaad

suklaapähkinälevite

Nougat-Creme

curry

Curry

maatila
Buernhoff

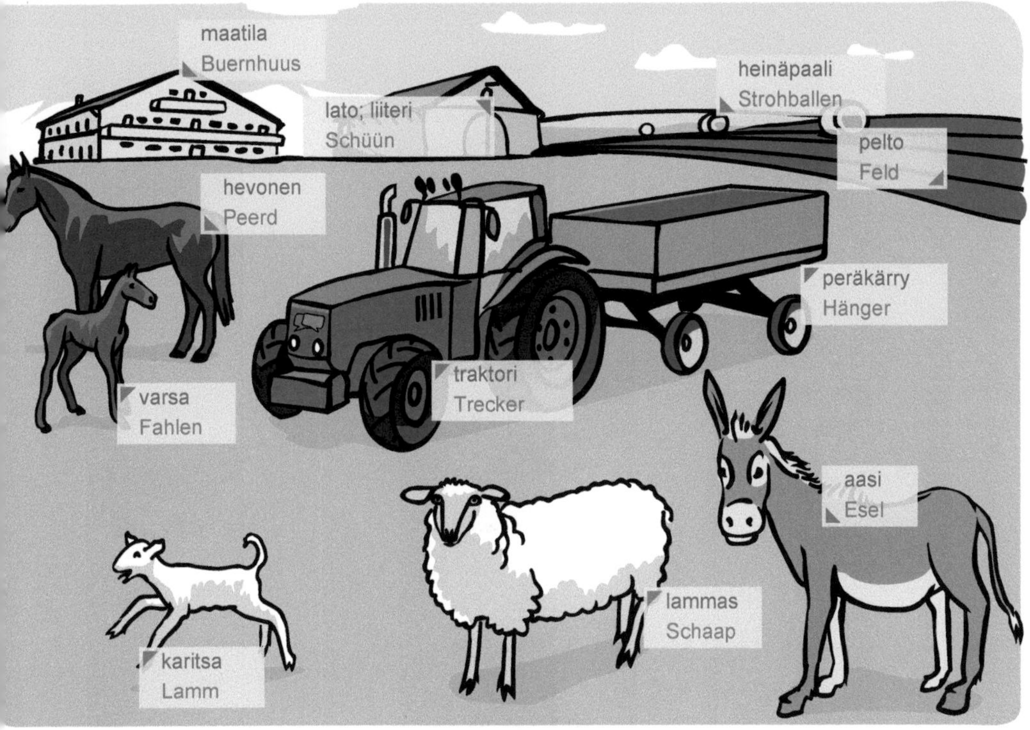

maatila
Buernhuus
lato; liiteri
Schüün
heinäpaali
Strohballen
pelto
Feld
hevonen
Peerd
peräkärry
Hänger
traktori
Trecker
varsa
Fahlen
aasi
Esel
lammas
Schaap
karitsa
Lamm

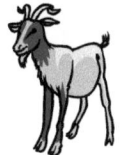

vuohi

Zeeg

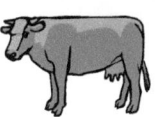

lehmä

Koh

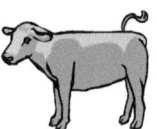

vasikka

Kalf

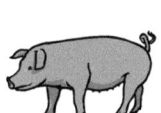

sika

Swien

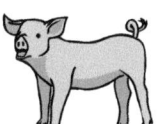

porsas

Farken

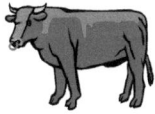

sonni

Bull

hanhi
Goos

ankka
Aant

tipu
Küken

kana
Hohn

kukko
Hahn

rotta
Rott

kissa
Katt

hiiri
Muus

härkä
Oss

koira
Hund

koirankoppi
Hunnenhütt

puutarhaletku
Goornslauch

kastelukannu
Geetkann

viikate
Lee

aura
Ploog

sirppi

Sich

kuokka

Hack

talikko

Mestfork

kirves

Ext

kottikärryt

Schuufkoor

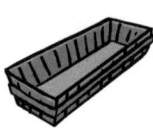

kaukalo

Trog

maitokannu

Melkkann

säkki

Sack

aita

Tuun

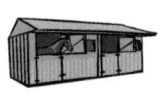

talli

Stall

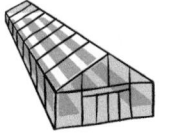

kasvihuone

Drievhuus

maa

Bodden

siemen

Saat

lannoite

Dünger

leikkuupuimuri

Meihdöscher

kerätä sato

oornen

sato

Oorn

jamssit

Yamswöttel

vehnä

Weten

soija

Soja

peruna

Kantüffel

maissi

Törksche Weten

rypsi

Rapp

hedelmäpuu

Aaftboom

maniokki

Troopsch Kantüffel

vilja

Koorn

talo
Huus

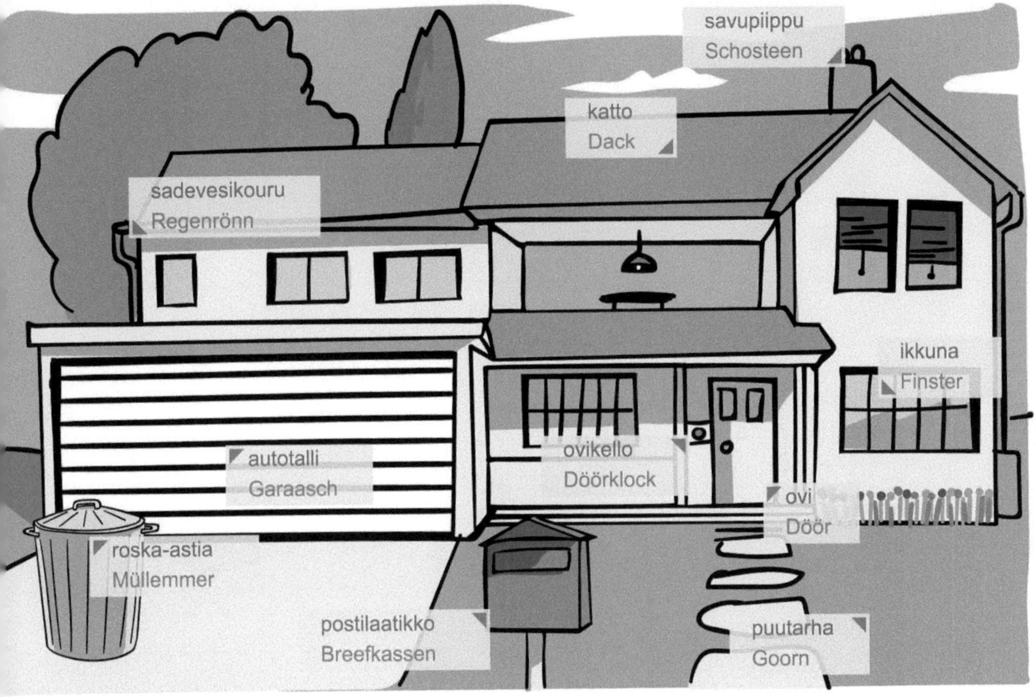
savupiippu
Schosteen
katto
Dack
sadevesikouru
Regenrönn
ikkuna
Finster
autotalli
Garaasch
ovikello
Döörklock
ovi
Döör
roska-astia
Müllemmer
postilaatikko
Breefkassen
puutarha
Goorn

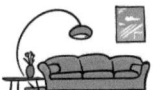

olohuone

Wahnstuuv

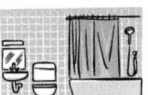

kylpyhuone

Baadstuuv

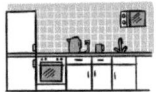

keittiö

Köök

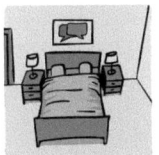

makuuhuone

Slaapstuuv

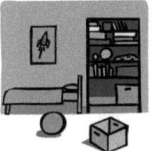

lastenhuone

Kinnerstuuv

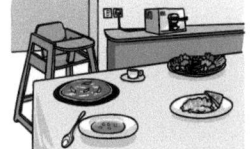

ruokahuone

Eetstuuv

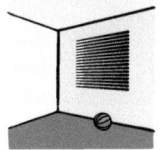

lattia

Footbodden

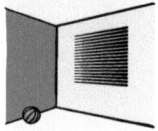

seinä

Wand

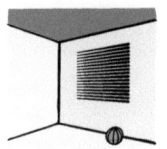

katto

Deek

kellari

Keller

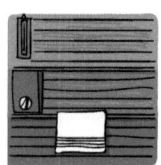

sauna

Hittluftbad

parveke

Balkon

terassi

Terrass

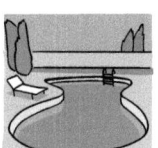

uima-allas

Swümmbad

ruohonleikkuri

Rasenmeiher

lakana

Bettbetog

päiväpeitto

Bettdeek

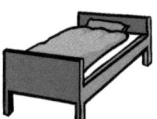

sänky

Puuch

harja

Bessen

ämpäri

Emmer

katkaisin

Schalter

olohuone
Wahnstuuv

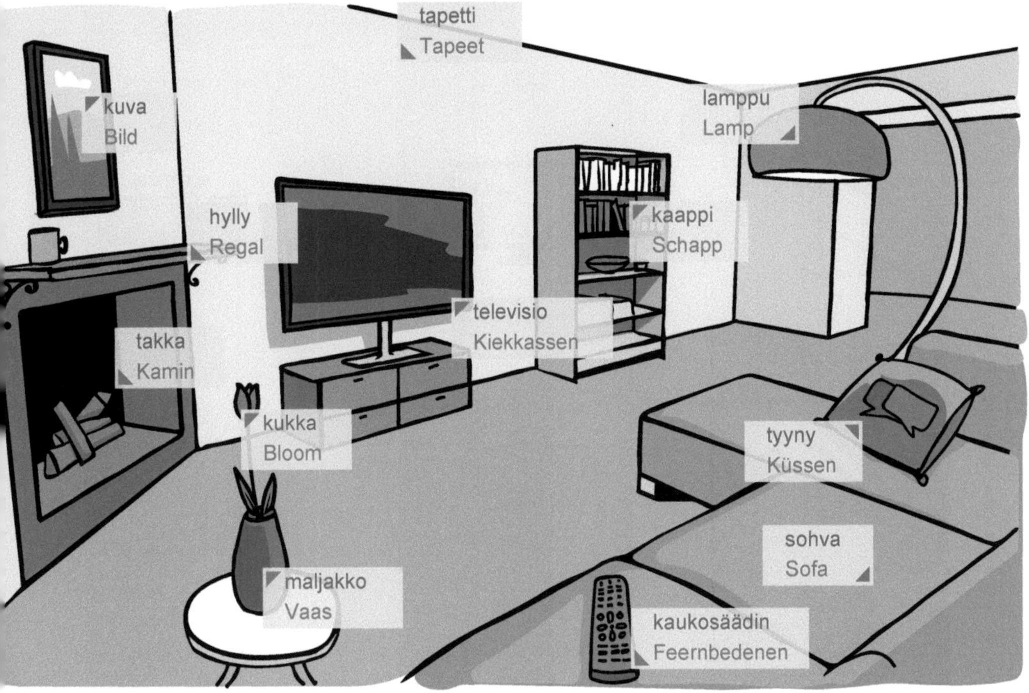

tapetti
Tapeet
kuva
Bild
lamppu
Lamp
hylly
Regal
kaappi
Schapp
televisio
Kiekkassen
takka
Kamin
kukka
Bloom
tyyny
Küssen
sohva
Sofa
maljakko
Vaas
kaukosäädin
Feernbedenen

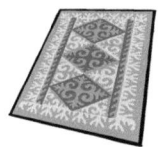

matto
Teppich

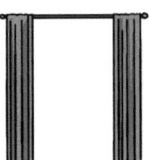

verho
Vörhang

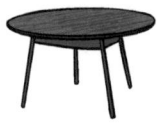

pöytä
Disch

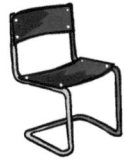

tuoli
Stohl

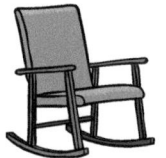

keinutuoli
Schuckelstohl

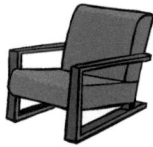

nojatuoli
Sessel

kirja

Book

peitto

Deek

koriste

Dekoratschoon

polttopuut

Füerholt

elokuva

Film

stereot

Stereoanlaag

avain

Slötel

sanomalehti

Narichtenblatt

maalaus

Gemälde

juliste

Poster

radio

Radio

muistivihko

Opschrievblock

pölynimuri

Huulbessen

kaktus

Kaktus

kynttilä

Kars

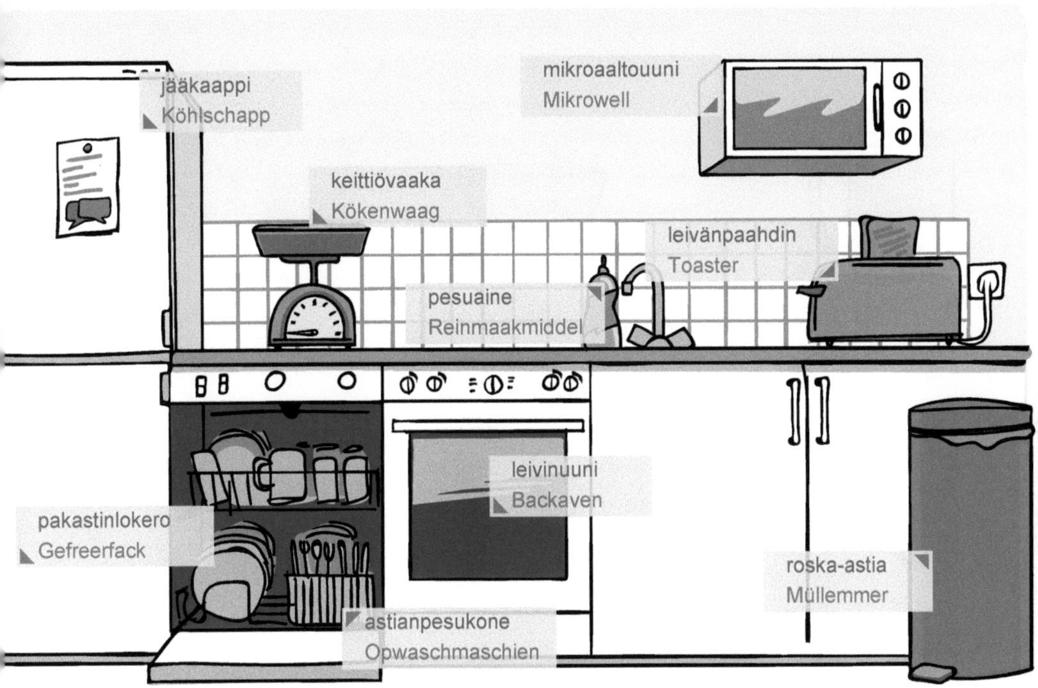

jääkaappi
Köhlschapp

mikroaaltouuni
Mikrowell

keittiövaaka
Kökenwaag

leivänpaahdin
Toaster

pesuaine
Reinmaakmiddel

leivinuuni
Backaven

pakastinlokero
Gefreerfack

roska-astia
Müllemmer

astianpesukone
Opwaschmaschien

liesi

Heerd

kattila

Pott

rautapata

Gussiesern Putt

vokkipannu / kadai-pannu

Wok / Kadai

paistinpannu

Pann

teepannu

Waterkaker

höyrykeitin

Dampkaakputt

uunipelti

Backblick

astiat

Geschirr

muki

Beker

kulho

Schaal

syömäpuikot

Eetsticken

kauha

Suppenkell

paistinlasta

Pannenwenner

vispilä

Sneebessen

siivilä

Kaakseef

siivilä

Seef

raastin

Riev

mortteli

Mörser

grilli

Grill

avotuli

Füerstell

leikkuulauta

Sniedbrett

kaulin

Nudelholt

korkinavaaja

Proppentrecker

purkki

Doos

purkinavaaja

Dosenaapner

pannulappu

Pottlappen

lavuaari

Waschbecken

tiskiharja

Böst

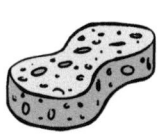

pesusieni

Swamm

tehosekoitin

Mixer

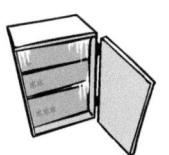

pakastin

lesschapp

tuttipullo

Nuckelbuddel

vesihana

Waterhahn

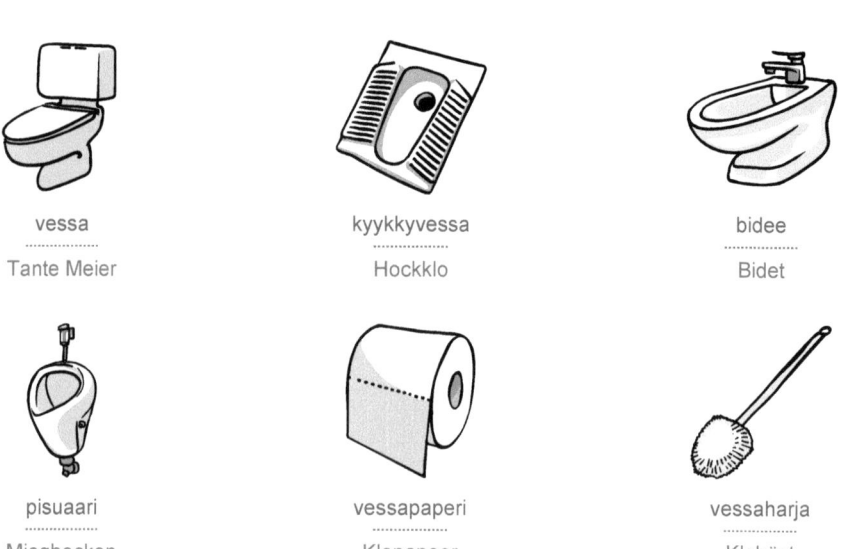

kylpyhuone
Baadstuuv

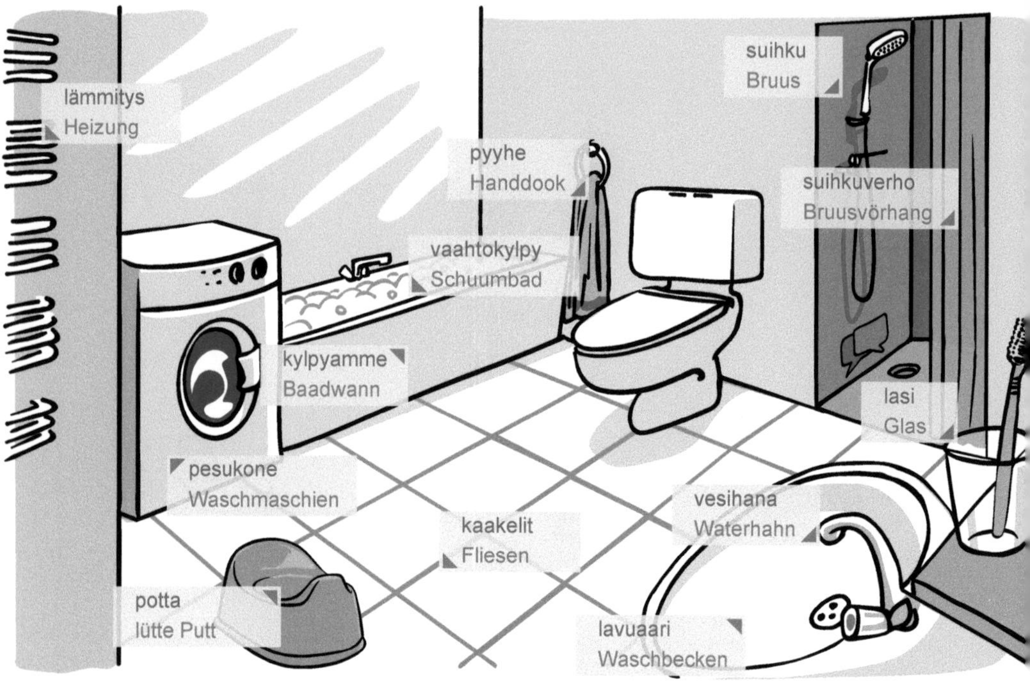

lämmitys
Heizung
pyyhe
Handdook
suihku
Bruus
suihkuverho
Bruusvörhang
vaahtokylpy
Schuumbad
kylpyamme
Baadwann
lasi
Glas
pesukone
Waschmaschien
vesihana
Waterhahn
kaakelit
Fliesen
potta
lütte Putt
lavuaari
Waschbecken

vessa
Tante Meier

kyykkyvessa
Hockklo

bidee
Bidet

pisuaari
Miegbecken

vessapaperi
Klopapeer

vessaharja
Kloböst

hammasharja

Tähnböst

hammastahna

Tähnpast

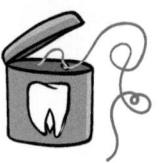

hammaslanka

Tähnsied

pestä

waschen

käsisuihku

Handbruus

intiimisuihku

Intimbruus

pesuvati

Waschschöttel

selkäharja

Rüchböst

saippua

Seep

suihkugeeli

Bruusgeel

shampoo

Hoorwaschmiddel

pesulappu

Waschlappen

viemäri

Afloop

voide

Creme

deodorantti

Deodorant

peili

Spegel

käsipeili

Kosmetikspegel

partaveitsi

Raserer

partavaahto

Raseerschuum

partavesi

Raseerwater

kampa

Kamm

harja

Böst

hiustenkuivaaja

Hoordröger

hiuslakka

Hoorspray

meikki

Smink

huulipuna

Lippensticken

kynsilakka

Nagellack

pumpuli

Watt

kynsisakset

Nagelscheer

hajuvesi

Rüükwater

kosmetiikkalaukku

Kulturbüdel

jakkara

Schemel

vaaka

Waag

kylpytakki

Baadmantel

kumihansikkaat

Gummihanschen

tamponi

Tampon

terveysside

Damenbinn

kemiallinen wc

Chemieklo

lastenhuone
Kinnerstuuv

herätyskello
Wecker
pehmolelu
Knudeldeert
leikkiauto
Speeltüüchauto
helistin
Klöter
nukkekoti
Poppenhuus
lahja
Geschenk

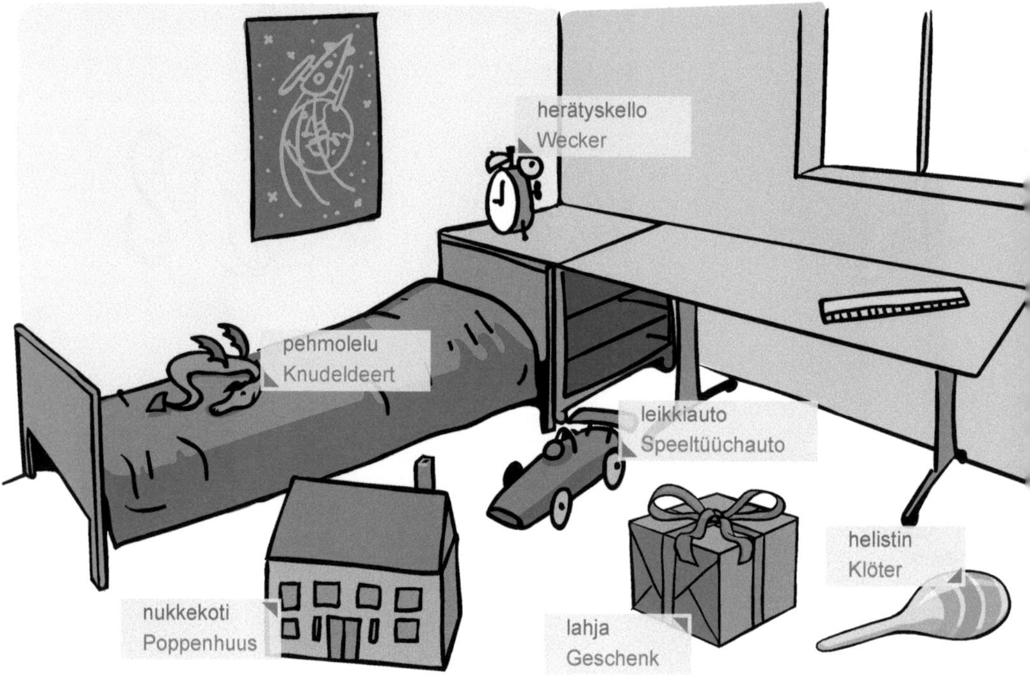

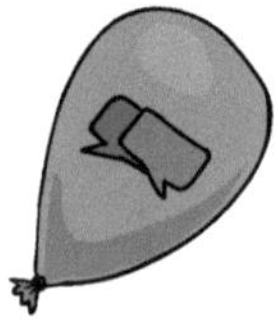

ilmapallo
Luftballon

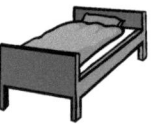

sänky
Puuch

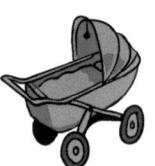

lastenvaunut
Kinnerwagen

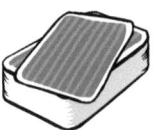

korttipeli
Koortenspeel

palapeli
Puzzle

SUPER
MEGA
sarjakuva
Billergeschicht

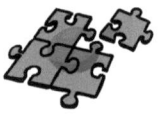

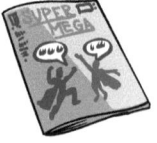

legopalikat

Legostenen

rakennuspalikat

Bustenen

supersankari

Action-Figur

potkupuku

Strampelantog

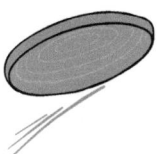

frisbee

Frisbeeschiev

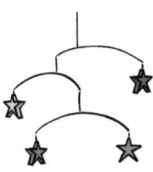

mobile

Mobile

lautapeli

Brettspeel

noppa

Wörpel

pienoisjunarata

Modelliesenbahn

tutti

Snuller

juhlat

Party

kuvakirja

Billerbook

pallo

Ball

nukke

Popp

leikkiä

spelen

hiekkalaatikko

Sandkassen

keinu

Schuckel

lelut

Speeltüüch

pelikonsoli

Speelkonsool

kolmipyörä

Dreerad

nalle

Teddyboor

vaatekaappi

Klederschapp

vaatteet
Tüüch

sukat

Socken

nylonsukat

Strümp

sukkahousut

Strumpbüx

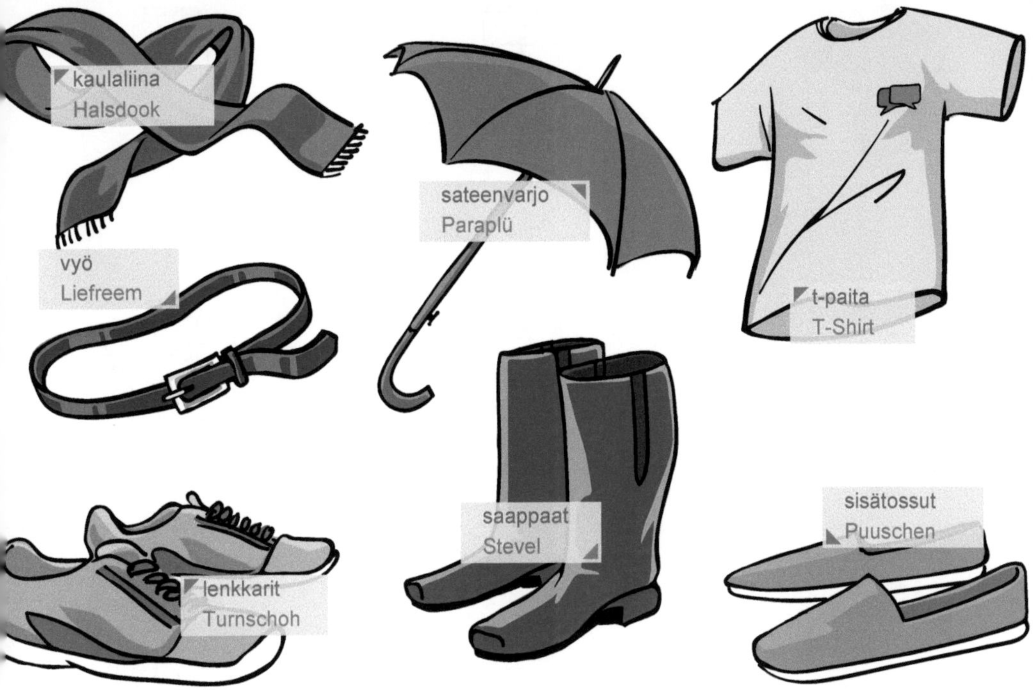

kaulaliina
Halsdook

sateenvarjo
Paraplü

t-paita
T-Shirt

vyö
Liefreem

saappaat
Stevel

sisätossut
Puuschen

lenkkarit
Turnschoh

sandaalit
Sandalen

kengät
Schoh

kumisaappaat
Gummistevel

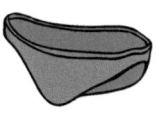

alushousut
Ünnerbüx

rintaliivit
Bostholler

aluspaita
Ünnerhemd

body

Lief

housut

Büx

farkut

Jeansnüx

hame

Rock

pusero

Bluus

paita

Hemd

villapaita

Pullover

collegepaita

Kapuzenpullover

jakku

Blazer

takki

Jack

takki

Mantel

sadetakki

Övertrecker

puku

Kostüm

mekko

Kleed

hääpuku

Hochtietskleed

puku
Antog

yöpaita
Nachtkleed

pyjama
Slaapantog

shari
Sari

päähuivi
Koppdook

turbaani
Turban

burka
Burka

kaftaani
Kaftan

abaya
Abaya

uimapuku
Baadantog

uimahousut
Baadbüx

shortsit
Korte Büx

verkkarit
Antog to'n Öven

esiliina
Schört

käsineet
Handschoh

nappi

Knopp

silmälasit

Brill

rannekoru

Armband

kaulakoru

Halskeed

sormus

Ring

korvakoru

Ohrbummel

lippalakki

Mütz

ripustin

Klederbögel

hattu

Hoot

solmio

Binner

vetoketju

Rietslüter

kypärä

Helm

henkselit

Drachtband

koulupuku

Schooluniform

univormu

Uniform

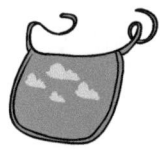

ruokalappu

Severböten

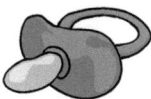

tutti

Snuller

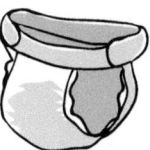

vaippa

Winnel

toimisto
Büro

palvelin
Server
asiakirjakaappi
Aktenschapp
tulostin
Drucker
paperi
Papeer
näyttö
Bildschirm
hiiri
Muus
kirjoituspöytä
Schrievdisch
kansio
Orner
näppäimistö
Knoopboord
roskakori
Papeerkorf
tietokone
Computer
tuoli
Stohl

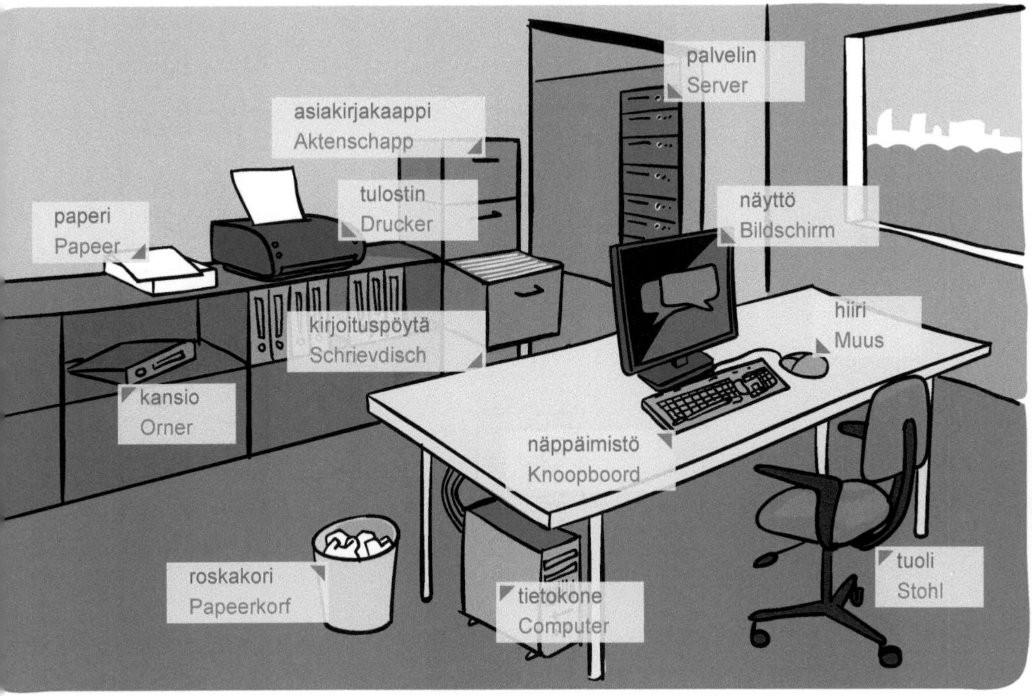

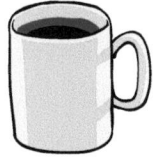

kahvimuki

Koffiebeker

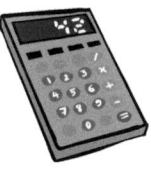

taskulaskin

Taschenreekner

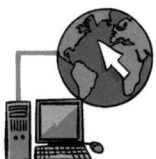

internet

Internet

kannettava tietokone

Klappreekner

kirje

Breef

viesti

Naricht

kännykkä

Ackersnacker

verkko

Nettwark

kopiokone

Kopeerapparat

ohjelmisto

Software

puhelin

Klöönkassen

pistorasia

Steekdoos

faksi

Faxapparat

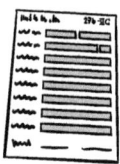

lomake

Formulor

asiakirja

Dokument

ostaa

köpen

maksaa

betahlen

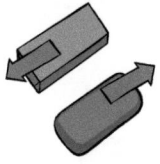

vaihtaa

hanneln

raha

Geld

dollari

Dollar

euro

Euro

jeni

Yen

rupla

Ruvel

frangi

Swiezer Franken

renminbi juan

Renminbi Yuan

rupia

Rupie

pankkiautomaatti

Geldautomat

rahanvaihto

Wesselstuuv

kulta

Gold

hopea

Sülver

öljy

Ööl

energia

Energie

hinta

Pries

sopimus

Verdrag

vero

Stüer

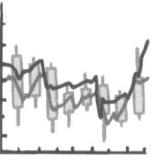

osake

Andeelschien

työskennellä

arbeiden

työntekijä

Anstellte

työnantaja

Arbeitgever

tehdas

Fabrik

liike

Hökerie

ammatit
Profeschonen

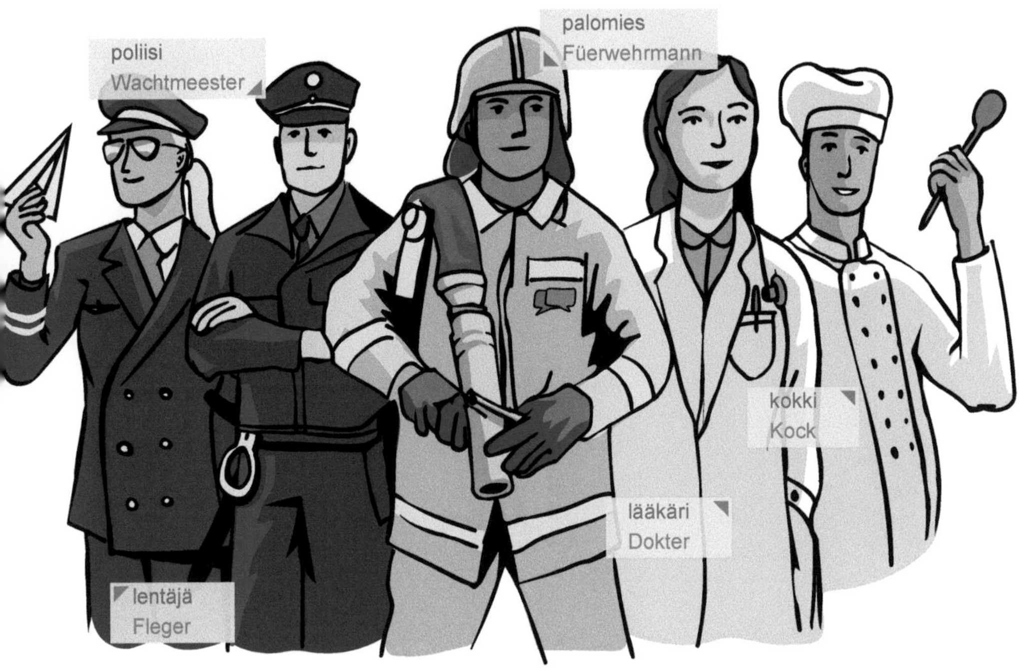
poliisi
Wachtmeester
palomies
Füerwehrmann
kokki
Kock
lääkäri
Dokter
lentäjä
Fleger

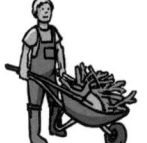

puutarhuri

Goorner

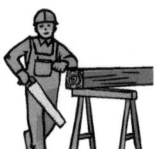

puuseppä

Discher

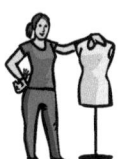

ompelija

Neihersche

tuomari

Richter

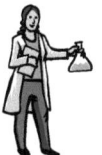

kemisti

Chemiker

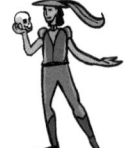

näyttelijä

Schauspeler

linja-autonkuljettaja

Busfohrer

taksinkuljettaja

Taxifohrer

kalastaja

Fischer

siivooja

Reinmaakfru

katontekijä

Dackdecker

tarjoilija

Kellner

metsästäjä

Jäger

maalari

Maler

leipuri

Bäcker

sähköasentaja

Elektriker

rakentaja

Buarbeider

insinööri

Ingenieur

teurastaja

Slachter

putkiasentaja

Klempner

postinjakaja

Postbüdel

sotilas

Suldat

arkkitehti

Architekt

kassanhoitaja

Kasserer

floristi

Florist

kampaaja

Putzbüdel

konduktööri

Schaffner

mekaanikko

Mechaniker

kapteeni

Kaptein

hammaslääkäri

Tähndokter

tiedemies

Wetenschopler

rabbi

Rabbi

imaami

Imam

munkki

Mönk

pappi

Paap

työkalut
Warktüüch

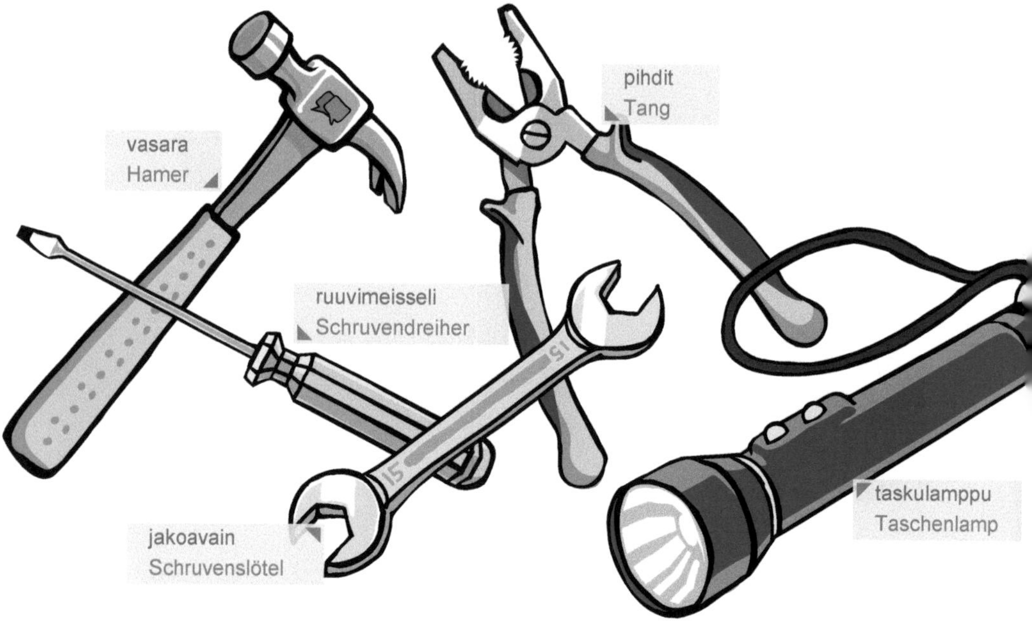

vasara
Hamer
pihdit
Tang
ruuvimeisseli
Schruvendreiher
jakoavain
Schruvenslötel
taskulamppu
Taschenlamp

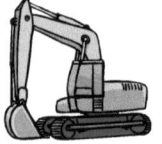

kaivinkone
Grieper

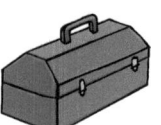

työkalupakki
Warktüüchkassen

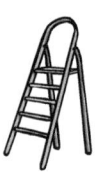

tikkaat
Ledder

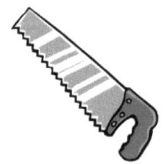

saha
Saag

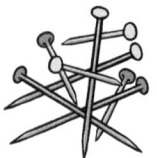

naulat
Nagels

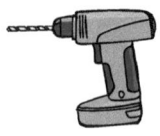

pora
Bohrer

korjata

heelmaken

lapio

Schüffel

Hitto!

Schiet!

rikkalapio

Kehrblick

maalipurkki

Farvpott

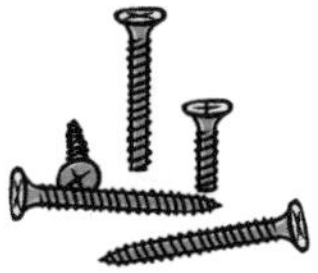

ruuvit

Schruven

soittimet
Musikinstrumenten

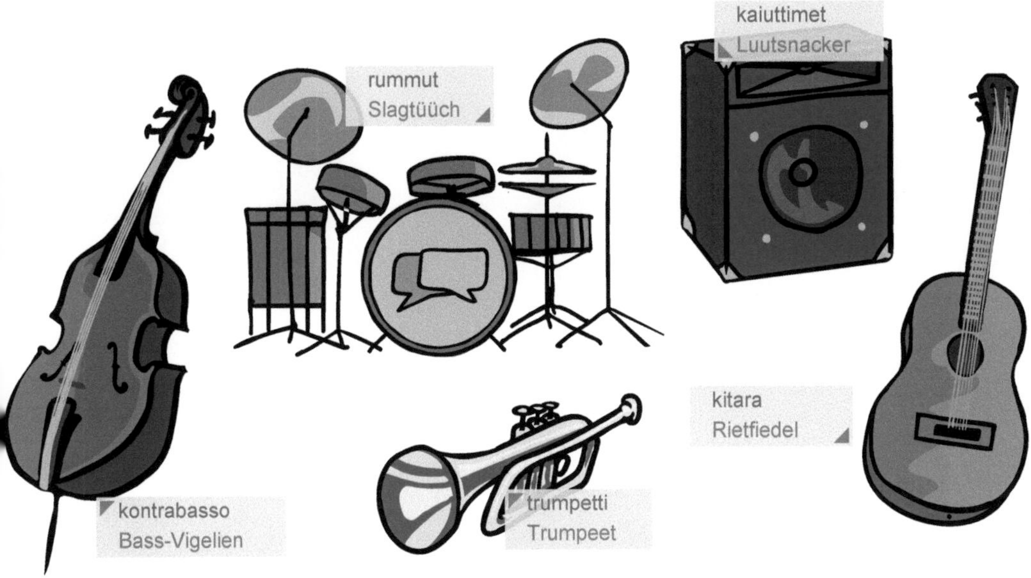

kaiuttimet
Luutsnacker

rummut
Slagtüüch

kitara
Rietfiedel

kontrabasso
Bass-Vigelien

trumpetti
Trumpeet

piano

Klaveer

viulu

Vigelien

basso

Bass

patarummut

Pauk

rumpu

Trummeln

kosketinsoitin

Keyboard

saksofoni

Saxophon

huilu

Fleut

mikrofoni

Mikrofoon

eläintarha
Deertenpark

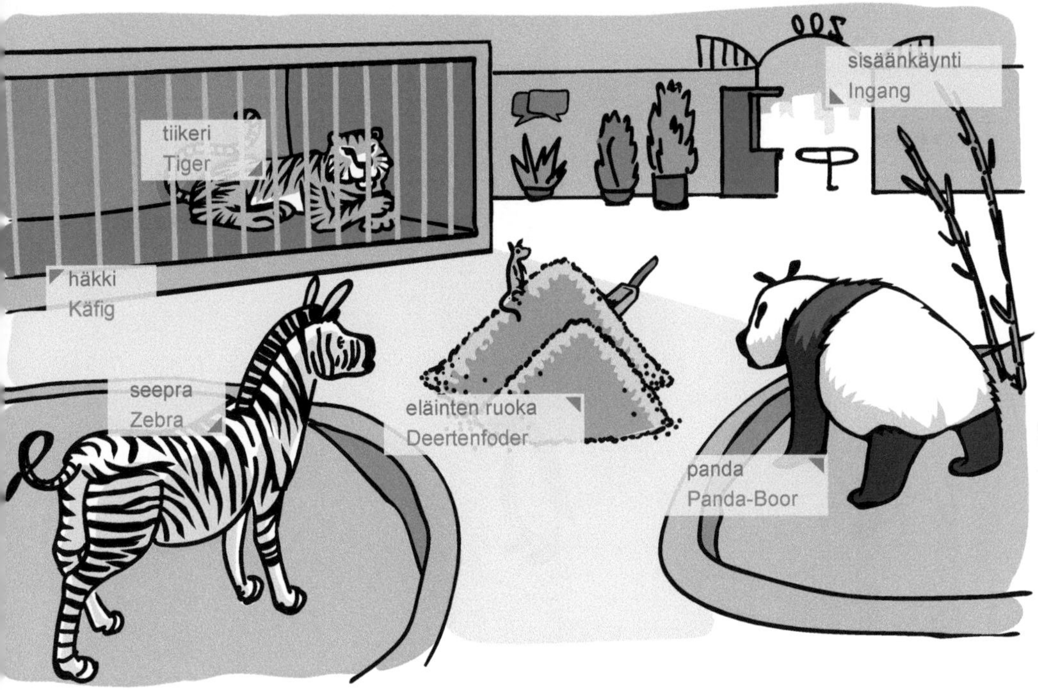

sisäänkäynti
Ingang
tiikeri
Tiger
häkki
Käfig
seepra
Zebra
eläinten ruoka
Deertenfoder
panda
Panda-Boor

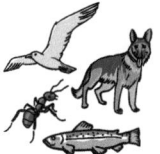

eläimet

Deerten

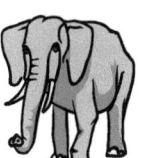

norsu

Elefant

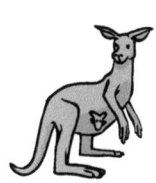

kenguru

Känguru

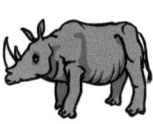

sarvikuono

Neeshoorn

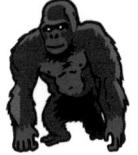

gorilla

Gorilla

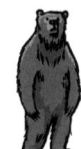

karhu

Boor

kameli

Kameel

strutsi

Struuß

leijona

Lööv

apina

Aap

flamingo

Flamingo

papukaija

Papagoi

jääkarhu

Iesboor

pingviini

Pinguin

hai

Haifisch

riikinkukko

Pageluun

käärme

Slang

krokotiili

Krokodil

eläintarhanhoitaja

Oppasser in'n Deertenpark

hylje

Saalhund

jaguaari

Jaguor

poni
Pony

leopardi
Leopard

virtahepo
Nilpeerd

kirahvi
Giraff

kotka
Aadler

villisika
Wildswien

kala
Fisch

kilpikonna
Schildkrööt

mursu
Walross

kettu
Voss

gaselli
Gazell

amerikkalainen jalkapallo
Amerikaansch Football

pyöräily
Radfohren

tennis
Tennis

koripallo
Korfball

uinti
Swümmen

nyrkkeily
Boxen

jääkiekko
leshockey

jalkapallo

Football

sulkapallo

Fedderball

yleisurheilu

Leichtathletik

käsipallo

Handball

hiihto

Skilopen

poolo

Polo

62   urheilu - Sport

aktiviteetit
Aktivitäten

nauraa
lachen
hypätä
springen
halata
ümarmen
kävellä
gahn
laulaa
singen
unelmoida
drömen
rukoilla
beden
suudella
snuteln

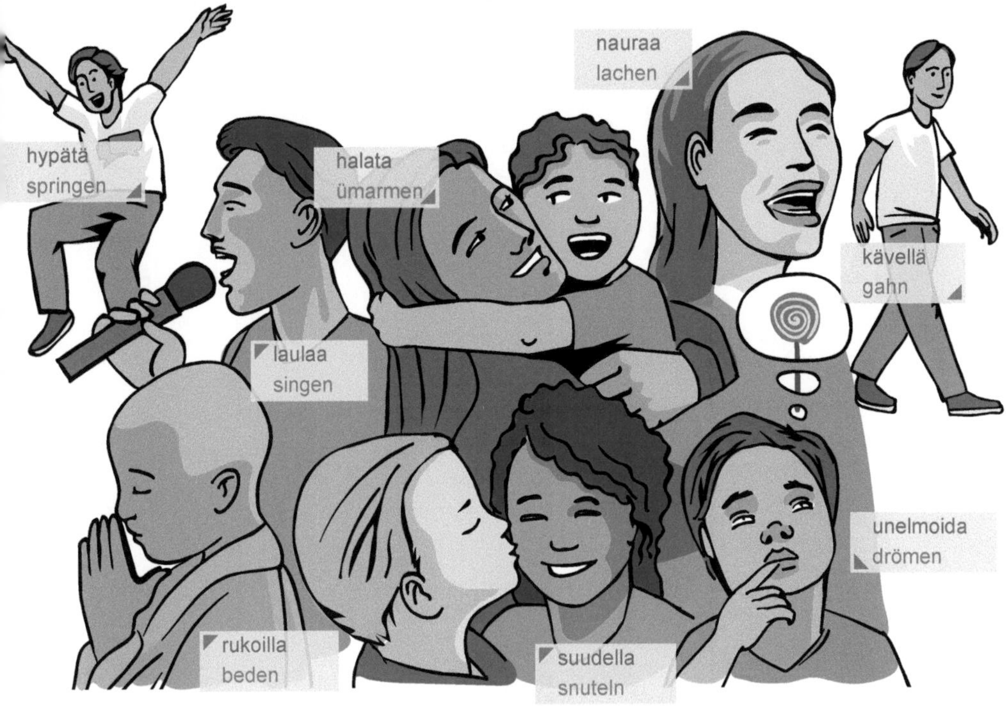

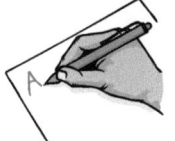

kirjoittaa

schrieven

piirtää

teken

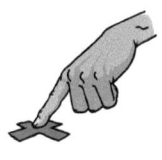

näyttää

wiesen

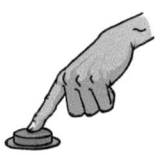

painaa

drücken

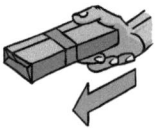

antaa

geven

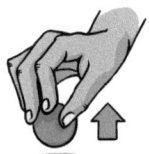

ottaa

nehmen

omistaa

hebben

tehdä

doon

olla

sien

seisoa

stahn

juosta

lopen

vetää

trecken

heittää

smieten

kaatua

fallen

maata

liggen

odottaa

töven

kantaa

dregen

istua

sitten

pukeutua

antrecken

nukkua

slapen

herätä

opwaken

katsoa
....
ankieken

itkeä
....
wenen

silittää
....
eien

kammata
....
kämmen

puhua
....
snacken

ymmärtää
....
verstahn

kysyä
....
fragen

kuunnella
....
hören

juoda
....
drinken

syödä
....
eten

siivota
....
oprümen

rakastaa
....
leefhebben

keittää
....
kaken

ajaa
....
fohren

lentää
....
flegen

purjehtia

segeln

laskea

reken

lukea

lesen

oppia

lehren

työskennellä

arbeiden

mennä naimisiin

de Plünnen tohoopsmieten

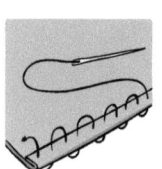

ommella

neihen

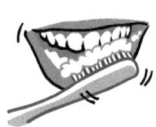

pestä hampaat

Tähnen putzen

tappaa

dootmaken

tupakoida

smöken

lähettää

schicken

mummo
Grootmoder

ukki
Grootvadder

isä
Vadder

äiti
Moder

vauva
Winnelkind

tytär
Dochter

poika
Söhn

vieras

Gast

täti

Tant

setä

Unkel

veli

Broder

sisko

Süster

vartalo

Lief

otsa
Vörkopp
silmä
Oog
olkapää
Schuller
sormet
Finger
kasvot
Gesicht
leuka
Kinn
käsi
Hand
jalka
Been
rinta
Bost
käsivarsi
Arm

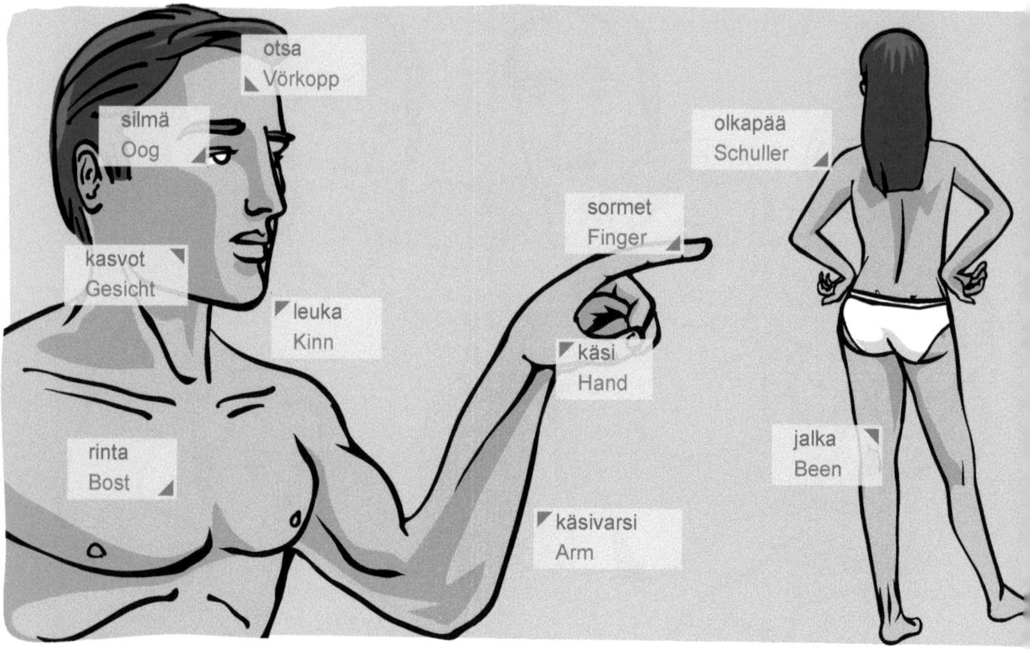

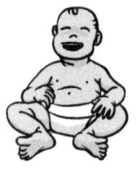

vauva
Winnelkind

mies
Mann

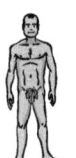

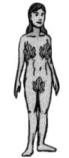

nainen
Fro

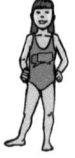

tyttö
Deern

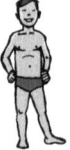

poika
Jung

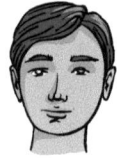

pää
Arm

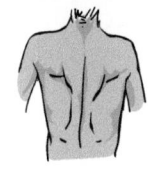

selkä
Rüch

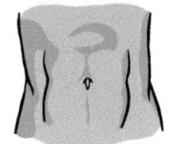

maha
Buuk

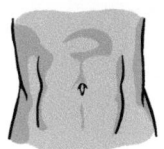

napa
Navel

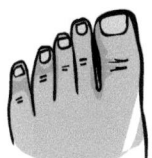

varvas
Teh

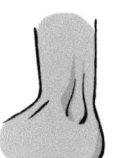

kantapää
Hack

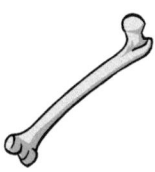

luu
Knaken

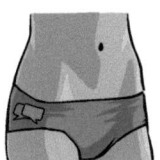

lantio
Hüft

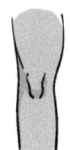

polvi
Knee

kyynärpää
Ellbagen

nenä
Nees

takapuoli
Achtersen

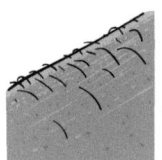

iho
Huut

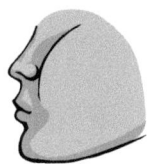

poski
Back

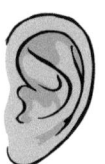

korva
Ohr

huuli
Lipp

suu

Mund

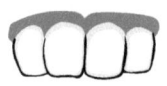

hammas

Tähn

kieli

Tung

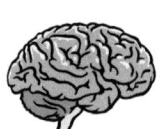

aivot

Bregen

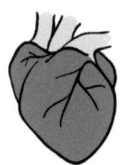

sydän

Hart

lihas

Muskel

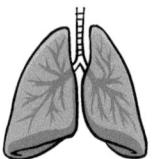

keuhkot

Lung

maksa

Lever

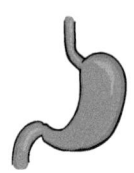

vatsa

Maag

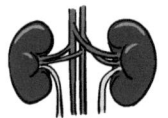

munuaiset

Neren

seksi

Bislaap

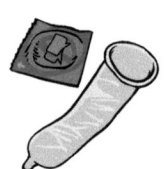

kondomi

Kondoom

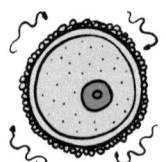

munasolu

Eizell

sperma

Sperma

raskaus

Anner Ümstänn

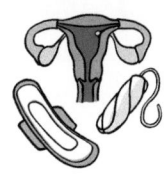

kuukautiset

Menstruatschoon

vagina

Scheed

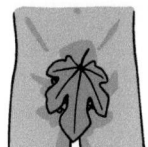

penis

Pint

kulmakarvat

Ogenbroe

hiukset

Hoor

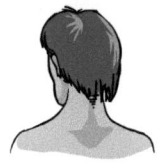

niska

Hals

sairaala
Krankenhuus

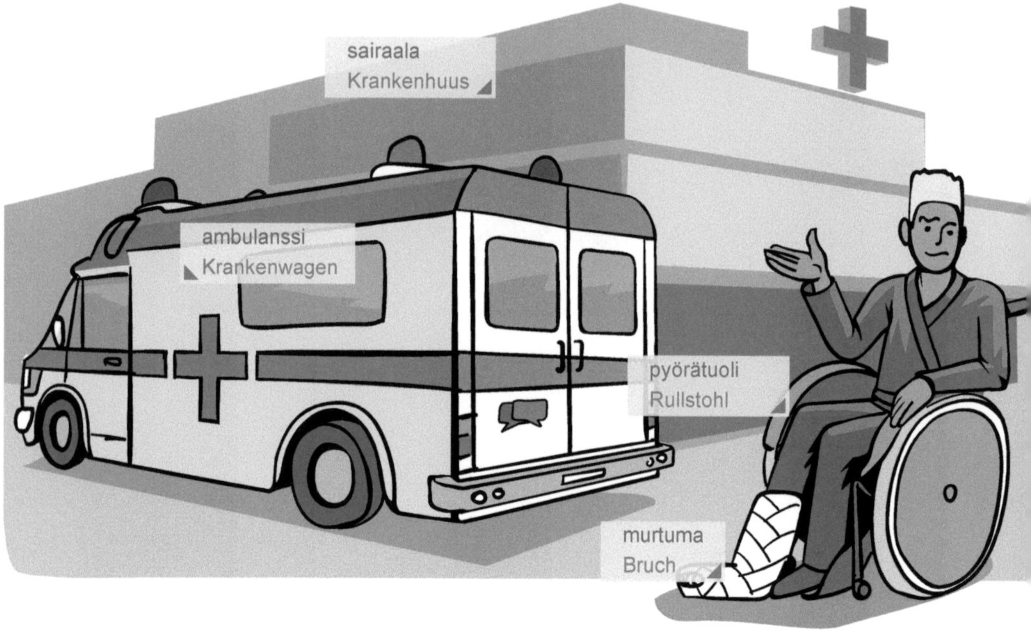

sairaala
Krankenhuus
ambulanssi
Krankenwagen
pyörätuoli
Rullstohl
murtuma
Bruch

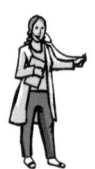

lääkäri

Dokter

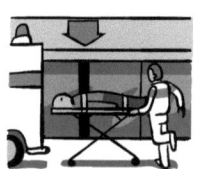

ensiapu

Nootopnahm

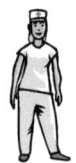

sairaanhoitaja

Krankensüster

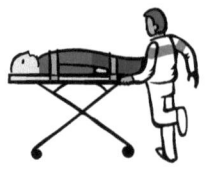

hätätilanne

Nootfall

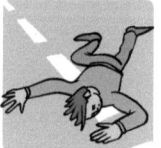

tajuton

ahnmächtig

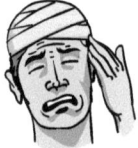

kipu

Wehdaag

vamma

Verwunnen

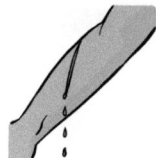

verenvuoto

Blöden

sydänkohtaus

Hartinfarkt

aivoinfarkti

Slaganfall

allergia

Allergie

yskä

Hoosten

kuume

Fever

flunssa

Gripp

ripuli

Dörchfall

päänsärky

Koppwehdaag

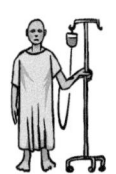

syöpä

Kreeft

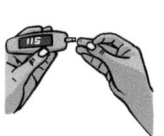

diabetes

Zuckersüük

kirurgi

Chirurg

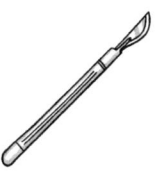

veitsi

Chirurgsch Mess

leikkaus

Operatschoon

ct
CT

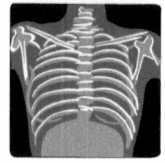

röntgen
Dörchlüchten

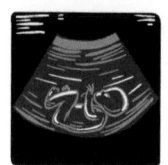

ultraääni
Ultraschall

maski
Mask

sairaus
Krankheit

odotushuone
Töövruum

sauva
Krück

laastari
Plaaster

side
Verband

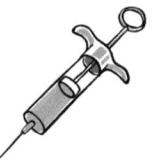

pistos
Insprütten

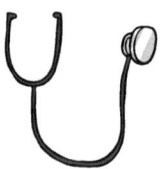

stetoskooppi
Stethoskop

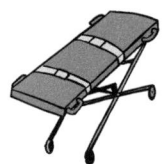

paarit
Draag

kuumemittari
Feverthermometer

syntymä
Geboort

ylipaino
Övergewicht

kuulolaite

Höörapparat

desinfiointiaine

Kiemfriemiddel

infektio

Ansteken

virus

Virus

HIV / AIDS

HIV / AIDS

lääke

Heelmiddel

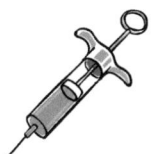

rokotus

Impen

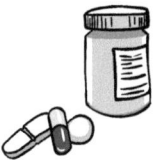

tabletit

Tabletten

pilleri

Pill

hätäpuhelu

Nootroop

verenpainemittari

Blootdruck-Meter

sairas / terve

krank / gesund

Apua!

Hölp!

hälytys

Alarm

ryöstö

Överfall

hyökkäys

Angreep

vaara

Gefohr

hätäuloskäynti

Nootutgang

Tulipalo!

Füer!

palosammutin

Füerlöscher

onnettomuus

Unfall

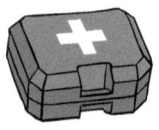

ensiapulaukku

Noothölpkoffer

SOS

SOS

poliisilaitos

Polizei

Eurooppa

Europa

Pohjois-Amerikka

Noordamerika

Etelä-Amerikka

Süüdamerika

Afrikka

Afrika

Aasia

Asien

Australia

Australien

Atlantin valtameri

Atlantik

Tyynimeri

Pazifik

Intian valtameri

Indisch Weltmeer

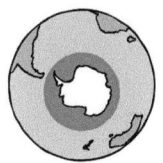

Eteläinen jäämeri

Antarktisch Weltmeer

Pohjoinen jäämeri

Arktisch Weltmeer

pohjoisnapa

Noordpol

etelänapa

Süüdpol

Antarktis

Antarktis

maa

Eerd

maa

Land

meri

See

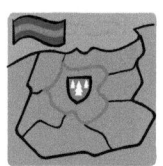

saari

Eiland

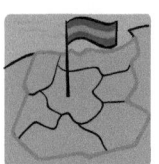

kansa

Natschoon

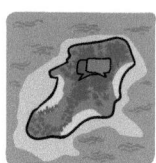

osavaltio

Staat

kellotaulu

Tallenblatt

tuntiviisari

Stunnenwieser

minuuttiviisari

Minutenwieser

sekuntiviisari

Sekunnenwieser

Paljonko kello on?

Wo laat is dat?

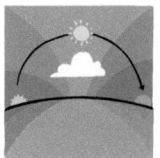

päivä

Dag

aika

Tiet

nyt

nu

digitaalikello

digetaalsch Klock

minuutti

Minuut

tunti

Stunn

viikko
Week

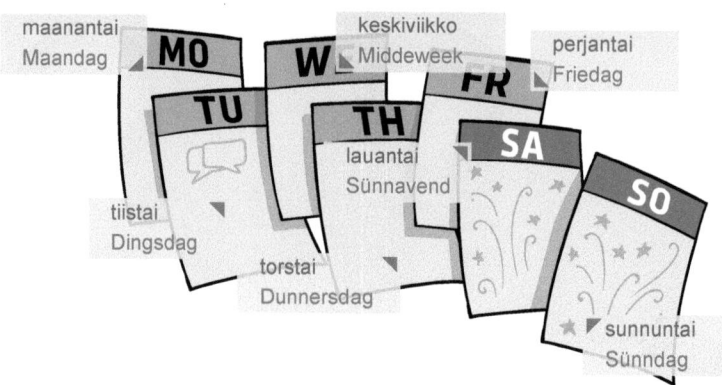

maanantai
Maandag — MO

tiistai
Dingsdag — TU

keskiviikko
Middeweek — W

torstai
Dunnersdag — TH

perjantai
Friedag — FR

lauantai
Sünnavend — SA

sunnuntai
Sünndag — SO

eilen
güstern

tänään
hüüt

huomenna
morgen

aamu
Morgen

keskipäivä
Meddag

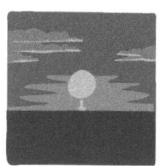

ilta
Avend

MO	TU	WE	TH	FR	SA	SU
1	2	3	4	5	6	7
8	9	10	11	12	13	14
15	16	17	18	19	20	21
22	23	24	25	26	27	28
29	30	31	1	2	3	4

työpäivät
Arbeitsdaag

MO	TU	WE	TH	FR	SA	SU
1	2	3	4	5	6	7
8	9	10	11	12	13	14
15	16	17	18	19	20	21
22	23	24	25	26	27	28
29	30	31	1	2	3	4

viikonloppu
Wekenenn

vuosi
Johr

sade
Regen
sateenkaari
Regenbagen
lumi
Snee
tuuli
Wind
kevät
Fröhjohr
syksy
Harvst
kesä
Sommer
talvi
Winter

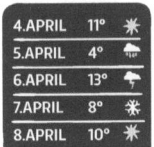

4.APRIL 11°
5.APRIL 4°
6.APRIL 13°
7.APRIL 8°
8.APRIL 10°

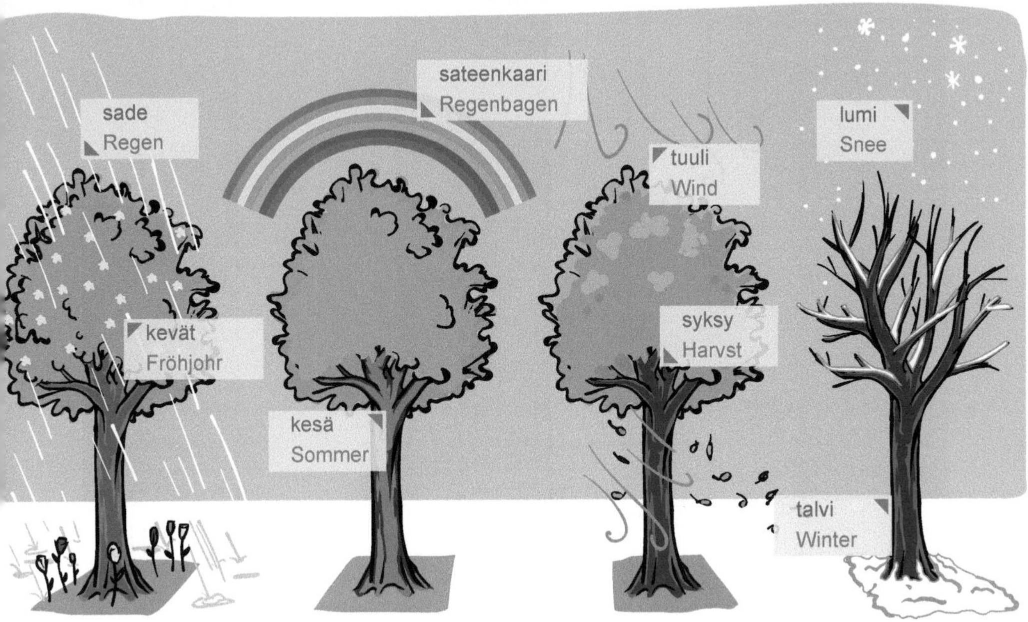

sääennuste

Wedervörhersaag

F C
120 40
90 30
60 20
30 10
0 0
-30 -10
-20

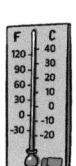

lämpömittari

Thermometer

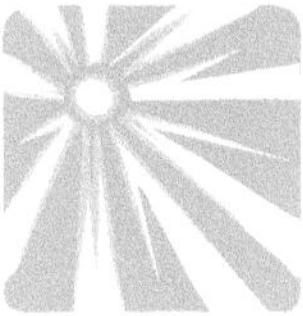

auringonpaiste

Sünnenschien

pilvi

Wulk

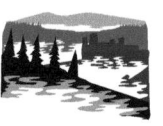

sumu

Nevel

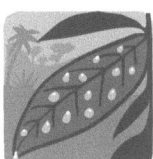

ilmankosteus

Luftfuchtigkeit

salama

Blitz

ukkonen

Dunner

myrsky

Storm

rae

Hagel

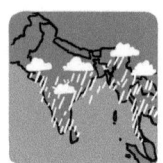

monsuuni

Monsun

tulva

Floot

jää

Ies

tammikuu

Januormaand

helmikuu

Februormaand

maaliskuu

Martmaand

huhtikuu

Aprilmaand

toukokuu

Maimaand

kesäkuu

Junimaand

heinäkuu

Julimaand

elokuu

Augustmaand

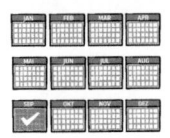

syyskuu

Septembermaand

lokakuu

Oktobermaand

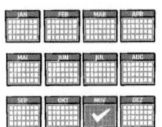

marraskuu

Novembermaand

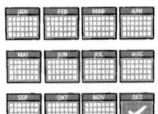

joulukuu

Dezembermaand

muodot
Formen

ympyrä

Krink

neliö

Quadrat

suorakulmio

Rechteck

kolmio

Dreeeck

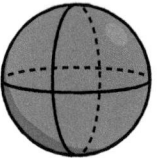

pallo

Kugel

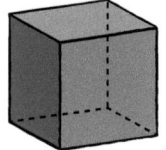

kuutio

Wörpel

valkoinen

witt

keltainen

geel

oranssi

orangsch

vaaleanpunainen

pink

punainen

root

violetti

lila

sininen

blau

vihreä

gröön

ruskea

bruun

harmaa

gries

musta

swart

paljon / vähän
veel / wenig

vihainen / ystävällinen
böös / verdreeglich

kaunis / ruma
smuck / mies

alku / loppu
Begünn / Enn

suuri / pieni
groot / lütt

vaalea / tumma
hell / düüster

veli / sisko
Broder / Süster

puhdas / likainen
schier / schietig

täydellinen / epätäydellinen

kumpleet / nich kumpleet

päivä / yö
Dag / Nacht

kuollut / elävä
doot / lebennig

leveä / kapea
breet / small

syötävä / syömäkelvoton

geneetbor / nich geneetbor

paha / kiltti

böös / fründlich

innostunut / tylsistynyt

fickerig / langwielt

lihava / laiha

dick / dünn

ensimmäinen / viimeinen

toeerst / toletzt

ystävä / vihollinen

Fründ / Fiend

täysi / tyhjä

vull / leddig

kova / pehmeä

hart / week

painava / kevyt

swoor / licht

nälkä / jano

Smacht / Döst

sairas / terve

krank / gesund

laiton / laillinen

nich na't Recht / na't Recht

älykäs / tyhmä

klook / dummerhaftig

vasen / oikea

linkerhand / rechterhand

lähellä / kaukana

neeg / feern

uusi / käytetty

nieg / bruukt

ei mitään / jotain

nix / wat

vanha / nuori

oolt / jung

päällä / pois päältä

an / ut

auki / kiinni

apen / slaten

hiljainen / äänekäs

lies / luut

rikas / köyhä

riek / arm

oikein / väärin

richtig / verkehrt

karhea / sileä

ruug / glatt

surullinen / iloinen

trurig / glücklich

lyhyt / pitkä

kort / lang

hidas / nopea

suutje / flink

märkä / kuiva

natt / dröög

lämmin / viileä

warm / köhl

sota / rauha

Krieg / Freden

0	**1**	**2**
nolla	yksi	kaksi
null	een	twee

3	**4**	**5**
kolme	neljä	viisi
dree	veer	fief

6	**7**	**8**
kuusi	seitsemän	kahdeksan
söss	söven	acht

9	**10**	**11**
yhdeksän	kymmenen	yksitoista
negen	teihn	ölven

12

kaksitoista

twölf

13

kolmetoista

dörteihn

14

neljätoista

veerteihn

15

viisitoista

föffteihn

16

kuusitoista

sössteihn

17

seitsemäntoista

söventeihn

18

kahdeksantoista

achtteihn

19

yhdeksäntoista

negenteihn

20

kaksikymmentä

twintig

100

sata

hunnert

1.000

tuhat

dusend

1.000.000

miljoona

million

englanti

Engelsch

amerikanenglanti

Amerikaansch Engelsch

mandariinikiina

Chineesch Mandarin

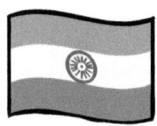

hindi

Hindi

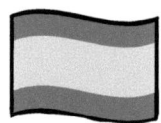

espanja

Spaansch

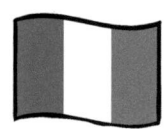

ranska

Franzöösch

arabia

Araabsch

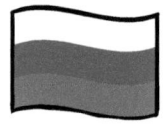

venäjä

Rusch

portugali

Portugiesch

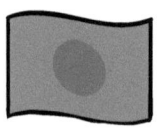

bengali

Bengaalsch

saksa

Düütsch

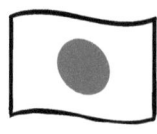

japani

Japaansch

minä
ik

sinä
du

hän
he / se / dat

me
wi

te
ji

he
se

kuka?
keen?

mitä / mikä?
wat?

miten?
woans?

missä?
woneem?

milloin?
wannehr?

nimi
Naam

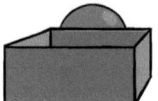

takana
....
achter

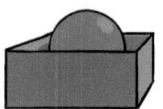

sisällä
....
in

edessä
....
vör

yläpuolella
....
över

päällä
....
op

alapuolella
....
ünner

vieressä
....
blangen

välissä
....
twüschen

paikka
....
Oort